AF313473

LES VIRTUOSES
DU PAVÉ

COULOMMIERS. — IMPRIMERIE DE A. MOUSSIN.

LES
VIRTUOSES
DU PAVÉ

BOUFFONNERIE MUSICALE EN UN ACTE

PAR

M. WILLIAM BUSNACH

MUSIQUE DE M. AUGUSTE LÉVEILLÉ

Représentée pour la première fois, à Paris, sur le théâtre des Folies-
Marigny, le 19 avril 1864.

PARIS

E. DENTU, ÉDITEUR

LIBRAIRE DE LA SOCIÉTÉ DES GENS DE LETTRES

PALAIS-ROYAL, 17 ET 19, GALERIE D'ORLÉANS

Et à la LIBRAIRIE CENTRALE, 24, Boulevart des Italiens.

1864

A

MONSIEUR MONTROUGE

Directeur du théâtre des Folies-Marigny.

Permettez-moi de vous dédier cette bluette, dont votre talent a su faire un succès, car ce n'est qu'à l'interprétation de l'ouvrage qu'il en faut attribuer la réussite.

Merci donc à vous et aux deux excellents artistes qui vous ont si bien secondé.

WILLIAM BUSNACH.

28 Avril 1864.

PERSONNAGES.	ACTEURS.
SCHUMAKER, chanteur..............	M. MONTROUGE.
BÉRÉNICE, chanteuse	Mlle MACÉ.
MOUCHON, concierge...............	M. CAILLAT.

LES VIRTUOSES

DU PAVÉ

Le théâtre représente une cour.... Au fond un mur assez élevé et qui
laisse apercevoir la rue. A gauche une allée avec cet écriteau :
Parlez au concierge. La porte d'entrée de la maison se trouve au
fond.

SCÈNE PREMIÈRE

MOUCHON, seul, à la porte de la rue.

Mais puisque je vous dis qu'on ne chante pas ici... A-t-on
jamais vu une obstination pareille... (redescendant.) Oh! ces
chanteurs! quelle engeance! D'abord moi, j'exècre la musique... et les musiciens en particulier! Je sais bien que vous
me direz : Et Rossini, et Meyerbeer!... Eh bien après!
Tenez... hier encore, je soutenais cette même discussion avec
le propriétaire, qui tout au contraire de moi, idolâtre la musique... Il est vrai qu'il est complétement sourd, ce qui est
une excuse... Malgré cette infirmité, nous nous entendons
fort bien ensemble... Je ne fais aucune attention à ce qu'il
me dit, ce qui permet à la conversation de rouler sur plu-
sieurs sujets à la fois... Brave homme, du reste... Il adore
la musique, mais il déteste ses semblables. Je suis son unique
société... Je lui conte tous les soirs par quelle suite d'infor-
tunes j'ai été précipité du faîte des grandeurs au fond de cette
loge... (S'attendrissant), car je n'étais pas né pour ce métier...
Ah! Alphonse, ah! Philomèle! ces deux noms qui résument

pour moi tout un passé de bonheur et de gloire reviennent souvent dans notre conversation... (On entend une voix crier à gauche. — Père Mouchon, le journal est-il arrivé?) Tiens... le voilà qui demande son journal... (tirant un vieux journal de son tablier — criant) : Il vient d'arriver, monsieur! (Au public), c'est moi qui lui fais la lecture tous les matins... Il y a huit ans que je lui lis le même journal, mais il n'a pas trop l'air de s'en apercevoir... Il lui est pourtant arrivé une fois de me dire : c'est étonnant comme ces journaux se répètent... Moi, l'abonnement me paie mon blanchissage... c'est toujours ça... (Criant) Me voilà, monsieur Paintendre, me voilà.

(Il sort par la gauche).

SCÈNE II

SCHUMAKER, seul.

(A peine Mouchon s'est-il éloigné que Schumaker entre furtivement par la porte de gauche. Il se pose au milieu de la scène, regarde un moment les fenêtres et chante en s'accompagnant d'une guitare.)

> Hiss, man Wergheets, hiss
> Man fernicht Urback
> Sprihn man deutsch
> Das Webergasse Kursal
> Bernik.

(Quand le couplet est à peu près fini, Mouchon sort furieux, le journal tout ouvert à la main, par la porte de l'allée, et il se précipite sur Schumaker).

SCÈNE III

SCHUMAKER, MOUCHON.

MOUCHON, l'interrompant.
Qu'est-ce que vous faites donc là, vous?

SCHUMAKER.
Comment ce que je fais là ? mais je chante...

MOUCHON.

On ne chante pas ici... allez vous en !

SCHUMAKER.

On ne chante pas ici... Et pourquoi donc?

MOUCHON.

Pourquoi ! est-ce que j'ai des comptes à vous rendre? voulez-vous filer, hein...

SCHUMAKER.

Eh bien... est-ce que je ne file pas... des sons mélodieux. (Il tire quelques notes de sa guitare, un sou tombe dans la cour. Mouchon le ramasse et le met dans sa pocha). Eh! bien, dites donc. vous, ne vous gênez pas... Rendez-moi donc ça, hein?

MOUCHON.

Je dédaigne de vous répondre... Sortez !

SCHUMAKER.

En voilà un vieux filou ! Je m'en vas... mais vous êtes un rude filou, encore! (Il joue de sa guitare en s'en allant.) Ah ! je te repincerai, toi!

SCÈNE IV

MOUCHON, seul.

Il a un *pon* accent *tut* de même... allons, bon, voilà que je parle comme lui... j'espère que c'est fini pour aujourd'hui, et que je pourrai achever tranquillement la lecture du journal au propriétaire... Je l'ai laissé en plein récit de la prise d'Abd-el-Kader. Cela semble l'intéresser très-vivement... Je remonte. (Au moment où il va entrer dans l'allée, Bérénice parait à la porte avec son violon, dont elle tire un son ou deux).

SCÈNE V

MOUCHON, BÉRÉNICE.

MOUCHON, se retournant vivement.

Encore! (il aperçoit Bérénice). Ah! c'est vous mademoiselle Bérénice, donnez vous donc la peine d'entrer... Tiens, c'est

vrai, c'est vrai, c'est aujourd'hui votre jour... vendredi.
(Galamment). *Dies veneris...*

BÉRÉNICE.

Est-il gracieux, ce père Mouchon... Quand on le paie bien,
surtout.

MOUCHON.

Ah ! vous voulez parler de notre petit traité...

BÉRÉNICE.

Même que je vous dois mon mois depuis hier. (Lui donnant
de l'argent). Tenez... Voilà vos quarante sous...

MOUCHON.

Moyennant quoi personne autre que vous n'a le droit de
chanter dans cette cour! ce n'est pas une trop mauvaise
affaire que vous avez faite là... (à part). Moi, ça me paie mon
tabac...

BÉRÉNICE.

Bonne affaire... bonne affaire... Avec ça qu'ils sont faciles à
la détente ici... Ma parole, pour deux sous, ils voudraient peut-
être des Frezzelini.

MOUCHON.

Allons... au revoir, mademoiselle... (A part.) Je suis sûr
qu'il doit être là haut dans une affreuse anxiété sur le sort de
l'émir.... (En sortant.) Elle est très-gentille cette petite mar-
seillaise. (Il sort.)

SCÈNE VI

BÉRÉNICE, seule accordant son violon.

Voyons... qu'est-ce que je vais bien leur chanter... faudrait
voir à rattraper ces quarante sous, pourtant... bah... la
romance du nautonnier... ça n'est pas bien fatigant...

(Elle chante.)

I.

Sur ce frêle esquif que balance
Le flot de la mer en courroux

Sans mâts, comme sans espérance,
Des matelots sont à genoux....
Ce nautonnier là-bas, c'est Pierre,
Il revient des pays lointains....
Mon Dieu! Écoutez ma prière,
Sauvez ses jours, prenez les miens...

II.

Un éclair sillonne la nue
Sur ce roc ils vont se briser,
Grand Dieu, Pierre m'a reconnue,
Il m'adresse un dernier baiser !
Pauvre nautonnier, pauvre Pierre,
En vain... vers lui je tends les mains !
Mon Dieu! Exaucez ma prière
Sauvez mes jours, prenez les siens !

SCÈNE VII

SCHUMAKER, BÉRÉNICE.

(Vers la fin du deuxième couplet, Schumaker entre furtivement, s'avance
vers le public et prenant sa guitare.)

SCHUMAKER.

Ah ! on ne chante pas ici ! (Il reprend sa chanson allemande que
Mouchon avait interrompue. Bérénice se retourne étonnée... Elle n'in-
terrompt pas pour cela sa romance qui se termine accompagnée à faux
par la chanson de Schumaker, ce qui fait un affreux charivari. On entend
dans l'escalier les cris de Mouchon.)

SCÈNE VIII

LES MÊMES, MOUCHON.

MOUCHON.

Qu'est-ce qui fait donc ce tapage là ? Faut-il que ça soit
fort... Le propriétaire a entendu ! (A Schumaker.) Qu'est-ce que
vous faites encore ici, vous ! on vous a déjà donné ce matin...
qu'est-ce qu'il lui faut donc, à c't allemand... Des réaux ! si
encore il était espagnol...

SCHUMAKER.

Pourquoi donc que vous me dites qu'on ne chante pas ici !... Et madame... qu'est-ce qu'elle fait donc ? elle chante... Je chante, nous chantons.

MOUCHON.

Vous chantez... j'en suis fort aise... mais vous allez me ficher le camp...

SCHUMAKER.

Jamais... j'ai ma médaille... j'ai le droit de chanter... je chante.

MOUCHON.

Ah ! je vais vous apprendre de quel bois je me chauffe !

SCHUMAKER.

Je parie que ce n'est pas avec le vôtre que vous vous chauffez...

MOUCHON.

De quoi, il m'insulte ?

BÉRÉNICE.

Du calme... j'en ai bien moi... quand monsieur aura fini...

MOUCHON.

Je vais chercher main forte.

SCHUMAKER.

Qu'est-ce que c'est que ça, main forte ?

MOUCHON.

Main forte... c'est un sergent de ville, et nous allons rire...

SCHUMAKER.

Ah ! bien, je ne demande pas mieux... je suis très-gai... (Il lui tape sur le ventre.) Rions donc là, un peu, hein ! (Mouchon sort furieux.)

SCÈNE IX

SCHUMAKER, BÉRÉNICE.

BÉRÉNICE.

Cette insistance me plaît assez... ce doit être une âme grande, généreuse, convaincue... une âme d'artiste enfin...

SCHUMAKER.

Elle est très-charmante, cette petite concurrente... je lui dois des excuses... (S'approchant.) Madame...

BÉRÉNICE.

Mademoiselle, s'il vous plaît...

SCHUMAKER.

Ah ! vous n'êtes pas... mariée ?

BÉRÉNICE.

Non, monsieur.

SCHUMAKER.

Mes compliments... mademoiselle, permettez-moi de vous présenter mes excuses pour la façon incohérente dont je me suis comporté tout à l'heure, je tenais à établir mon droit, voilà tout.... Peut-être aurai-je nui à votre recette....

BÉRÉNICE.

Franchement, jeune étranger, ce n'est pas probable... ce quartier-ci est d'un dur ! mais je ne crois pas vous avoir encore rencontré par ici, n'est-ce pas, monsieur ?....

SCHUMAKER.

Schumaker, mademoiselle ?...

BÉRÉNICE.

Bérénice Cannebière, pour vous être agréable... (A part.) cet homme est d'une grande distinction.

SCHUMAKER, à part.

Elle me rappelle complètement madame de Sévigné !

BÉRÉNICE.

Si nous nous asseyions... nous pourrions causer plus à l'aise.... Il y a des chaises là... à l'entrée de la loge... merci... Et, est-ce par goût ou par nécessité que vous exercez le même métier que moi ?...

SCHUMAKER.

C'est une irrésistible vocation qui m'a entraîné dans la partie... Dès l'âge de huit ans, je jouais déjà de cet instrument avec quelque talent, j'ose le dire...

BÉRÉNICE.

A huit ans... comme Mozart!

SCHUMAKER.

Oh! mademoiselle... mon père, honnête agriculteur, mais, pardon... la conversation pouvant se prolonger quelque peu, je vous demanderai la permission de ne pas parler plus long-temps allemand.... je vais changer de langue...

BÉRÉNICE.

Devant moi!

SCHUMAKER.

Je veux dire de langage, cet idiome nous gênerait, je le re-prendrai devant les étrangers.... je continue. Mon père, hon-nête agriculteur, qui ne pouvait souffrir la musique aurait désiré que j'embrassasse une profession libérale.... mais l'art parla plus haut.... un jour, j'entendis passer un régiment, je le suivis entraîné, fasciné par cette suave mélodie.... Et je n'ai plus jamais revu mon père dont le souvenir est resté gravé... en bien des endroits!

BÉRÉNICE.

Étrange coïncidence... Cette histoire est à peu près la mienne... sauf le régiment! je regrette infiniment, monsieur, de n'avoir pas eu plus tôt celui de vous rencontrer... vous ne fréquentez donc jamais les ambassades?

SCHUMAKER.

Jamais... je leur préfère les brasseries...

BÉRÉNICE.

Ma santé débile me défend ce genre de clientèle... et mes goûts, du reste, m'entraînent plus spécialement dans le fau-bourg Saint-Germain... mais dites-moi, quel est le genre au-quel vous vous adonnez de préférence...

SCHUMAKER.

Au fond, je n'ai vraiment que deux cordes.

BÉRÉNICE.

C'est comme mon violon...

SCHUMAKER.

A mon arc... la chanson allemande que vous avez dû entendre tout à l'heure et une certaine sérénade...

BÉRÉNICE.

Ah ! oui, je connais..... Probablement , celle de Schubert.....

SCHUMAKER.

Non... celle-là est de moi, de Schumaker !

BÉRÉNICE.

Monsieur compose ?...

SCHUMAKER.

Quand il pleut trop fort !

BÉRÉNICE.

Mais je serais fort désireuse de l'entendre...

SCHUMAKER.

Comment donc, mademoiselle... (Il prélude.)

BÉRÉNICE.

Ah ! mais je ne connais que ça... Comment c'est de vous... mais c'est un de mes morceaux favoris... si nous les chantions ensemble... peut-être ferons-nous mieux que tout à l'heure... nous partagerons...

SCHUMAKER.

Mais je serai trop heureux de partager avec vous tout ce que vous voudrez.

BÉRÉNICE, à part.

Tiens, mais c'est une déclaration, çà !

SCHUMAKER.

Dans la ville
De Séville
Il est une femme à l'œil noir,
Douce amie
Si jolie
Par pitié laisse-moi te voir.

SCHUMAKER et BÉRÉNICE.

REFRAIN.

Sous ta jalousie
De ma jalousie

N'as-tu pas remords,
Sous ta jalousie
De ma jalousie
Ah! crains les transports.

SCHUMAKER.

II.

Mon infante
Ma charmante
Pitié pour un cœur aimant,
Je t'adore,
Je t'implore,
Jette un regard sur ton amant.

BÉRÉNICE et SCHUMAKER.

REFRAIN.

Sous ta jalousie
De ma jalousie
N'as-tu pas remords,
Sous ta jalousie
De ma jalousie
Ah! crains les transports.

(Après le duo, ils attendent un moment... on ne jette rien.)

BÉRÉNICE.

Eh bien, la recette ne sera pas difficile à partager. (Ironiquement.) Messieurs, mesdames, c'est pour avoir l'honneur de vous remercier... (A Schumaker.) Une observation... votre sérénade est un bijou..... moi je la chante généralement en sol.....

SCHUMAKER.

Eh bien?

BÉRÉNICE.

Vous la chantez en ut...

SCHUMAKER.

Pas du tout... en sol !

BÉRÉNICE.

En ut...

SCHUMAKER.

Puisque je vous dis sol.

BÉRÉNICE.

Ah! mais moi je vous dis ut... oh! pardon, je ne l'avais
pas prévu... mais dites-moi, quel est donc le quartier où
vous exercez de préférence...

SCHUMAKER.

Eh! mademoiselle... est-ce qu'il y a des quartiers possi-
bles aujourd'hui... vous le savez comme moi, il est bien rare
qu'on nous donne les premières fois... Il nous faut le temps
de faire connaissance avec les locataires. Faut faire la place...
Eh bien, à présent, n'est-ce pas... on entame ses relations....
on vient un mois, six semaines dans une cour... on commence
à être lié avec les habitants. C'est presque une famille... on
peut compter sur une petite moyenne... on arrive un matin...
patatras... la maison est expropriée! — Tout est à recom-
mencer... tenez, moi qui vous parle... vous connaissez bien
le boulevard Lafayette, n'est-ce pas... je ne sais pas à com-
bien il revient à la ville, mais savez-vous ce qu'il me coûte à
moi... Près de neuf francs par mois !

BÉRÉNICE.

C'est dur !...

SCHUMAKER.

Et il ne va pas jusqu'à l'Opéra.

BÉRÉNICE.

Eh bien, faites comme moi... faubourg Saint-Germain ou
faubourg Saint-Denis, il est rare que je sorte de là... tenez,
dans ce dernier quartier, votre sérénade marcherait pas mal.
A la sortie des magasins... le soir... moi, j'ai une certaine Indienne...

SCHUMAKER.

Une indienne?...

BÉRÉNICE.

Une romance... l'Indienne de Madras...

SCHUMAKER.

Tiens, j'en ai un foulard... Quelle sympathie!

BÉRÉNICE.

Eh bien, jamais elle ne m'a rapporté moins de treize à quatorze... dans le faubourg Saint-Denis surtout... oh! l'effet est sûr.

SCHUMAKER.

A mon tour, si j'osais...

BÉRÉNICE.

Avec plaisir... mais si je n'étrenne pas cette fois... je m'en vais. (Elle prélude sur son violon pendant la ritournelle.)

PREMIER COUPLET, *exposition attendrissante.*

I.

Un beau navire à la riche carêne
Allait quitter les plages de Madras,
Et sur la rive, une jeune Indienne
A sa compagne ainsi parlait tout bas :
Si tu le vois, dis-lui que je l'adore,
Rappelle-lui qu'il m'a donné sa foi ;
Demande-lui s'il me regrette encore,
S'il se souvient d'avoir vécu pour moi !

DEUXIÈME COUPLET, *l'émotion est de plus en plus à son comble.*

II.

Tu m'enverras par le prochain navire
Les mots d'amour qu'il va te confier,
Mais, juste Dieu ! ne m'envoie rien, Zelmire,
Si par malheur il a pu m'oublier,
Si tu le vois dis-lui que je l'adore,
Rappelle-lui qu'il m'a donné sa foi ;
Demande-lui s'il me regrette encore,
S'il se souvient d'avoir vécu pour moi !

TROISIÈME ET DERNIER COUPLET, *les larmes éclatent généralement dans l'auditoire.*

III.

Il me disait de bien douces paroles
Quand à l'abri des bananiers en fleurs,
Il étouffait sous des serments frivoles
Les vains efforts de ma noble candeur !
Si tu le vois, dis-lui que je l'adore,
Rappelle-lui qu'il m'a donné sa foi ;

Demande-lui s'il me regrette encore,
S'il se souvient d'avoir vécu pour moi !

SCHUMAKER.

Mademoiselle... Pardonnez à ma rude franchise, mais vous
avez été charmante !

SCÈNE X

LES MÊMES, MOUCHON.

MOUCHON, solennellement.

J'en appelle à la postérité... Savez-vous ce qui m'est arrivé ! on m'a répondu que s'il avait sa médaille, j'étais dans
mon tort... et on m'a flanqué à l'amende parce que mon
devant n'était pas arrosé... ô justice des hommes ! (A Schumaker.) Montrez-moi votre médaille...

SCHUMAKER, reprenant l'accent allemand.

Ma médaille... (Se fouillant.) Tiens... qu'est-ce que j'en ai
donc fait ?

MOUCHON, triomphant.

Ah ! tu n'as pas ta médaille...

SCHUMAKER.

Attendez donc un peu, vieux rageur !... (Il tire de sa poche
une médaille ronde.) Non ! ce n'est pas celle-là.

MOUCHON, se précipitant sur l'objet.

Ciel ! qu'ai-je vu... D'où vous vient cette médaille, mal-
heureux !

SCHUMAKER.

Ça, c'est un bijou de famille... Elle appartenait à un de
mes ancêtres, qui l'avait noblement gagnée... au concours
régional de Poissy... deuxième accessit... élève Philomèle !

MOUCHON.

Ah !... (Il manque de s'évanouir.)

BÉRÉNICE.

Eh bien, qu'est-ce qui lui prend donc ?...

MOUCHON.

Eh ! après ?... continue, enfant !

SCHUMAKER.

Après... eh bien, après, le jour où je suis parti à la suite
du 87ᵉ de ligne, j'ai emporté par mégarde cette médaille de
mon père...

TRIO BOUFFE.

MOUCHON.

Tu es Alphonse !

SCHUMAKER.

Je suis Alphonse.

BÉRÉNICE.

Qu'est-ce qu'Alphonse ?

TOUS.

Quel incroyable évènement.

MOUCHON.

Ah ! je renonce.

SCHUMAKER.

Oui je renonce.

BÉRÉNICE.

Chacun renonce.

TOUS.

A peindre { mon / son } étonnement.
Vraiment !

MOUCHON.

O ! mon fils, mon bien suprême,
Viens dans mes bras, sur mon cœur,
Je vois s'ouvrir le ciel même
Je succombe à mon bonheur !

(Schumaker et Bérénice l'accompagnent de leurs instruments pendant
cette phrase. A ce moment cinq ou six sous tombent aux pieds de
Mouchon.)

BÉRÉNICE.

Tiens, mais il fait de l'effet, le vieux, vite à la reprise...

REPRISE DU TRIO.

Tu es Alphonse, etc.

MOUCHON.

Ah! mon fils, mon enfant... attends, une dernière preuve encore... Tu dois avoir sur toi un grain de beauté.

SCHUMAKER, ému.

Ah!...

MOUCHON.

Là! (Il se précipite sur Schumaker et lui déboutonne son col.) Oui... le voilà bien... ta mère l'avait aussi.

SCHUMAKER.

Vous me rappelez les premiers jours de ma vie... Je revois mon berceau!

MOUCHON.

Et à la suite de quelle catastrophe, o mon fils, es-tu donc devenu allemand?

SCHUMAKER, reprenant l'accent français.

Ah! papa! j'ai eu tant de malheurs!

MOUCHON.

Mais comment se fait-il, Alphonse, que tu aies pu, dans les jours d'adversité, conserver ainsi cette médaille sacrée...

SCHUMAKER.

Ah! jamais je ne m'en serais séparé! mon père! ensuite elle est en zinc!

MOUCHON.

Alphonse..... nous ne nous quitterons plus tous les deux.

SCHUMAKER.

Et si mademoiselle y consentait, je dirais tous les trois.

BÉRÉNICE, lui donnant la main.

Entre artistes...

MOUCHON.

Enfants... je vous bénis! (On entend dans la coulisse la voix du propriétaire qui crie :) Père Mouchon, père Mouchon! (Vivement.)

Ah! sapristi, cette scène touchante m'a fait oublier le propriétaire... il faut que je lui annonce ton mariage ainsi que la prise d'Abd-el-Kader, je ne puis pas le laisser ainsi dans l'attente... je remonte.

SCHUMAKER.

Remonter... jamais... à partir de ce moment, tu n'es plus concierge... cette grêle de sous tombée aux premiers accents de ta voix émue, vient de te sacrer artiste! tu chanteras avec nous.

MOUCHON.

Vous le voulez... soyez-le!

SCHUMAKER.

Maintenant, enfants, en avant notre cri de triomphe, notre chant de Bohème, les virtuoses du pavé.

BÉRÉNICE, à Mouchon.

Vous chanterez le refrain.

MOUCHON.

Mais je ne le sais pas.

BÉRÉNICE, lui passant son violon.

Raison de plus! ça vous l'apprendra.

Les Virtuoses du Pavé.

(Ronde.)

BÉRÉNICE.

Pluie ou soleil, ouvrant nos ailes
Gais comme un essaim de pinsons,
Libres comme les hirondelles
Parmi le monde nous passons
Notre devise est : confiance
En un plus heureux lendemain
Nous laissons un peu d'espérance
A tous les buissons du chemin!

TOUS.

Nous nous rions de toutes choses
Ayant déjà tout éprouvé,
Tout rêvé;
Pour nous jamais de cieux moroses,
Gais virtuoses
Du Pavé!

II.

Pauvres poëtes d'aventure,
Le peuple retrouve en nos chants
Ce qui lui manque : la nature,
Les prés, les bois, l'air et les champs.
Aussi le peuple ami nous garde,
Le sou gagné par l'ouvrier,
Car nous consolons la mansarde
Et nous égayons l'atelier.

TOUS.

Nous nous rions de toutes choses
Ayant déjà tout éprouvé,
        Tout rêvé ;
Pour nous jamais de cieux moroses,
        Gais virtuoses
        Du Pavé !

III.

Dans la poussière ou dans la neige
Chantant toujours, chantant tout haut,
Malgré la faim qui nous assiége,
Malgré le froid, malgré le chaud !
Si notre chanson passagère
N'a plus d'écho sous les balcons,
Tant pis! vogue encor la galère,
Et c'est pour nous que nous chantons.

TOUS.

Nous nous rions de toutes choses
Ayant déjà tout éprouvé,
        Tout rêvé ;
Pour nous jamais de cieux moroses,
        Gais virtuoses
        Du Pavé !

Le rideau baisse.

FIN

N. B. La ronde des Virtuoses du Pavé peut être chantée par les trois personnages de la pièce. — Schumaker chantant le premier couplet, Mouchon le deuxième, et Bérénice le dernier.